AF222132

Der Splitterschutzunterstand Alaska
in
Wilhelmshaven

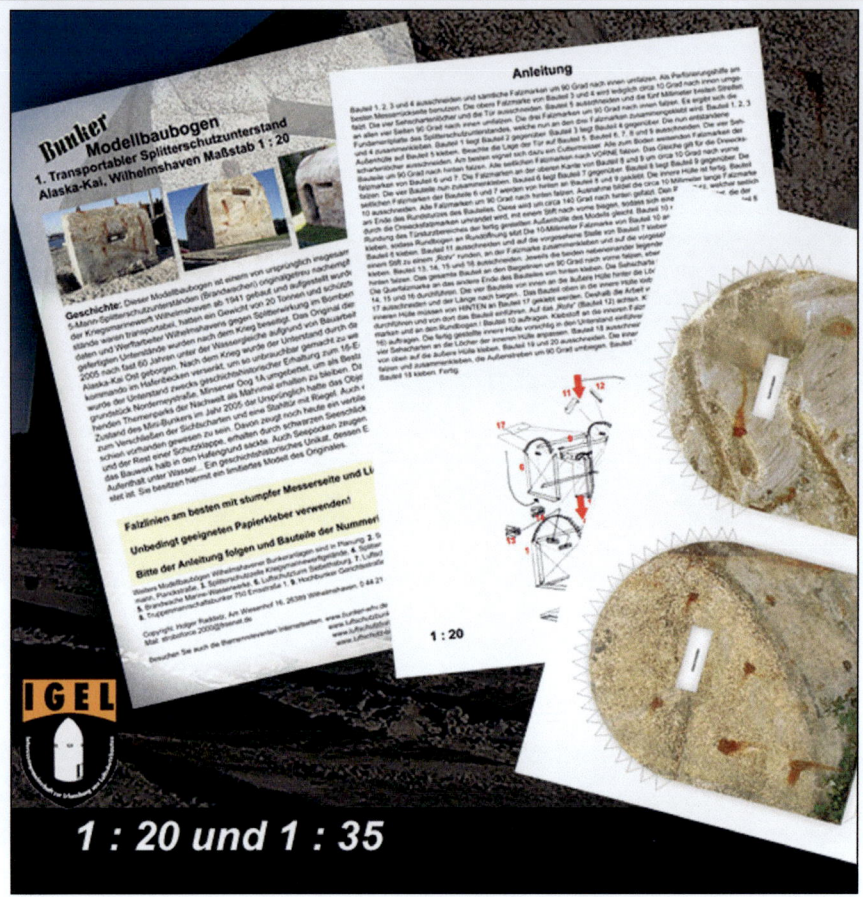

Der Splitterschutzunterstand ist auch als **Kartonmodellbaubogen** im Maßstab 1 zu 20 und 1 zu 35 zum Preis von 12,- Euro erhältlich. Bei Interesse kontaktieren Sie bitte den Autor, oder bestellen Sie über die themenrelevante Webseite *www.luftschutz-bunker.de*. Beachten Sie auch die Internetpräsentationen *www.bunker-whv.de*, *www.luftschutzbunker-wilhelmshaven.de* und *www.splitterschutzzelle.de*. Innerhalb dieser Präsenz wird der Unterstand ausführlich vorgestellt.

Bibliografische Information der Deutschen Nationalbibliothek:
Die Deutsche Nationalbibliothek verzeichnet diese Publikation in der Deutschen Nationalbibliografie; detaillierte bibliografische Daten sind im Internet über http://dnb.d-nb.de abrufbar.

ISBN 978-3-8370-0513-4
© 2007/2008 Holger Raddatz, Am Wiesenhof 16, 26389 Wilhelmshaven
Umschlaggestaltung: Holger Raddatz
Nachdruck, auch auszugsweise, verboten.
Fotos: Holger Raddatz, privat, Interessengemeinschaft „Blauer Beton".
Herstellung und Verlag: Books on Demand GmbH, Norderstedt.

Holger Raddatz

Der Splitterschutzunterstand Alaska
in
Wilhelmshaven

Von der Bergung über die Umbettung
bis zur Restaurierung - Ein Bildbericht

Danksagung

Gedankt wird für die Ermöglichung, Hilfe und Unterstützung bei der Umbettungsaktion des Splitterschutzunterstandes am 29. August 2005:

Firma Bohlen und Baum, Wilhelmshaven

Frau K. Theilen, Wilhelmshaven

Frau S. Theilen, Wilhelmshaven

Herrn G. Theilen, Wilhelmshaven

Firma Hepag, Wilhelmshaven

Herrn P. Raddatz, Schortens

Herrn H. Brunhorn, Marinearsenal Wilhelmshaven

Firma Rova-Hafenumschlag und Vertriebsgesellschaft, Varel-Altjührden

Herrn Wessels, Firma Rova-Hafenumschlag und Vertriebsgesellschaft, Varel-Altjührden

Herrn H. Hiebner, Wilhelmshaven

Herrn A. Nuhn, Wilhelmshaven

Herrn U. Müller-Heinck, Wilhelmshavener Zeitung

Die Umbettung des Unterstandes wurde erfolgreich vollzogen. Auf dem Luftschutzturmgrundstück Norderneystraße / Minsener Oog 1A hat er nun einen Dauerplatz als historisches Relikt gefunden.

Weiterer Dank gilt:

Herrn O. Diekmann, Wilhelmshaven

Inhalt

Vorwort

Neben den im gesamten ehemaligen Reichsgebiet verbreitet aufgestellten Splitterschutzzellen, in denen lediglich bis zu drei Personen Platz fanden, wurde an diversen Standorten eine vergrößerte Form dieser Zellen errichtet, so genannte Brandwachen, Beobachtungsstände oder auch Splitterschutzunterstände. Bis zu sieben Personen fanden in diesen, oft am jeweiligen Standort fest in die Erde betonierten Bauwerken Splitter- beziehungsweise Trümmerschutz. Von dort aus sollten meist Brände während der Angriffe gesichtet und weitergemeldet werden. In Wilhelmshaven wurde neben den Splitterschutzzellen diverser Bauarten und einigen Brandwachen standortgebundener Form auch eine bisher als Unikatserie geltende tonnenförmige, transportable Version dieser Unterstände produziert. Drei der Objekte sind bisher definitiv nachgewiesen. Nur eines hat die Nachkriegszeit bis heute überstanden. Nach fast sechs Jahrzehnten unter Wasser wurde der Splitterschutzunterstand 2005 am ehemaligen Alaska-Kai entdeckt und an Land gebracht. Mit einer Umbettungsaktion zum nahen Bunkergrundstück Norderneystraße / Minsener Oog 1A wurde die Existenz dieses Unikates gesichert. Später wurde das mobile 20-Tonnen-Gebilde ansatzweise restauriert. Hier soll seine wechselvolle Geschichte erzählt werden...

Der Splitterschutzunterstand Alaska

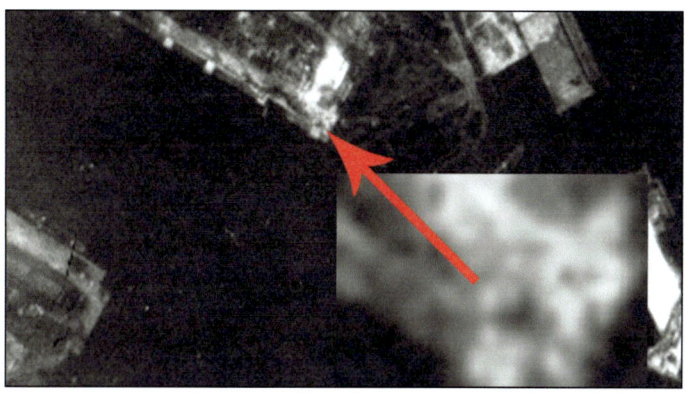

Wilhelmshaven / Alaska-Kai Ost: *Luftbild des Unterstandes vom September 1944...*

Der Splitterschutzunterstand wurde in Folge der Demilitarisierungsmaßnahmen Ende der 1940er Jahre am Uferbereich versenkt...

Trotz der Versenkung am Ufer ragte der Dachbereich des Unterstandes auch im Jahr 1955 noch aus dem Wasser heraus, bevor er in den späteren Jahrzehnten gänzlich unter die Wasseroberfläche absackte...

Transportabler Splitterschutzunterstand Alaska-Kai Ost, Wilhelmshaven Stand: 09/05 - Der Ursprungstext

Das Objekt wurde nach unserer Auffassung um 1941 auf dem Gebiet der Kriegsmarinewerft Wilhelmshaven als transportabler Splitterschutzunterstand, Beobachtungsstand, Brandwache gefertigt. Wir konnten diesen Unterstand in seiner Form bisher nur in Wilhelmshaven nachweisen. Daher gehen wir davon aus, dass er hier als Prototypserie gefertigt wurde. Bislang konnten wir außer dem Objekt, welches hier beschrieben wird, lediglich zwei weitere Bauwerke dieser Art in Wilhelmshaven nachweisen:
Einmal auf dem Bauwerftgelände Süd-Mitte - unmittelbar südlich des runden **LS-Turmes**. Einmal an der Banter Ruine am ehemaligen Tirpitzhafen, heute Banter See - unmittelbar südlich des dort heute noch existenten **Truppenmannschaftsbunkers 750**. Beide Objekte wurden in den ersten Nachkriegsjahren beseitigt. Insgesamt gehen wir von mindestens 10 ursprünglich produzierten Bauwerken dieser Art aus. Weitere ehemalige Standorte auszumachen, stellt sich als sehr schwer dar. Die Aktenlage gibt nichts über diese Anlagen her, Bildmaterial ist dürftig. Der Splitterschutzunterstand wurde speziell als Schutzraum für die Werftarbeiter und einfachen Soldaten der Kriegsmarinewerft gefertigt.

Insgesamt konnten bequem fünf Personen den Unterstand betreten. Er wird teilweise auch als Brandwache gedient haben. Durchaus könnte eine Telefonverbindung im Unterstand existiert haben. Auf dem Boden befinden sich noch immer kleinere Kabelfragmente, welche im intakten Zustand durch diesen nach außen geführt haben könnten. Auch eine Art Miniheizung wird vorhanden gewesen sein. Ein eventuell diesbezügliches Stahlrohr wurde angefunden. Der Unterstand ist aus einem Stahlbewehrungskäfig mit integrierter Stahlträgerbodenplatte und zwei auf dem Dach befindlichen Transportösen gefertigt. Der Innenraum war ganzflächig mit einer Stahlhülle umschlossen. Vier nach innen sich verjüngende Sichtscharten und eine Halbbogentür befinden sich in der Unterstandstruktur.

Die Tür war mit einem Stahlschott von innen zu verschließen. Ein stählerner Riegel wurde wahrscheinlich mit der Tür und einem Gegenstück am Unterstand festgeklemmt und so die Tür gesichert. Der circa 1 Meter lange Riegel konnte von uns im Inneren des Unterstandes erfolgreich geborgen werden. Die vier Sichtscharten waren ebenfalls mit über diese schiebbaren Stahlluken zu verschließen. Die Stahlluken wurden von kleineren Riegeln an der Innenwand des Unterstandes gehalten. Eine dieser Luken befindet sich noch heute im Unterstand in Originalposition. Auch Teile eines zugehörigen Riegels sind noch vorhanden. Der Unterstand wiegt fast exakt 20 Tonnen. Breite 2,80 Meter, Höhe 2,60 Meter, Tiefe 2,30 Meter, 30 Zentimeter dicke Stahlbetonwände und Decke. Der Metallträgerboden ist lediglich 10 Zentimeter stark. Wir vermuten, dass der Unterstand zusammen mit den Splitterschutzzellen, die meist auf der Bauwerft standen, aus einer Produktionsserie stammt. Die Form der Türen beider Schutzbautypen ist identisch.

Diese Splitterschutzzellenbauart wird aus der gleichen Produktionsserie wie die Splitterschutzunterstände stammen...

Auch wird der Unterstand ursprünglich eine Hervorhebung des Metallkäfigs für die Stahltür gehabt haben. Diese Hervorhebung wurde mit der Tür nachträglich beim Herausschweissen einiger Stahlkäfigbereiche entfernt. Es könnte auch sein, dass Stahlblenden im Verbund mit dem Käfig, wie bei den Splitterschutzzellen, im Sichtschartenbereich vorhanden waren.

Der Splitterschutzunterstand am ehemaligen Alaska-Kai Ost, damit der dritte nachgewiesene seiner Art, hat seinen Ursprungsstandort in Kriegszeiten am Ufer des Kais in Nähe zur ehemaligen „Graf-Spee-Kaserne" gehabt. Unserer Vermutung nach wurden die Unterstände und auch Splitterschutzzellen nicht selten vom Wilhelmshavener Schwimmkran „Langer Heinrich" bewegt und zu den Standorten in Ufernähe gehoben.

Der Splitterschutzunterstand muss bald nach Kriegsende (wir meinen: 1948) während der Demilitarisierungsmaßnahmen der Engländer am Ufer des Alaska-Kais versenkt worden sein. Vielleicht hatte man keinen Ehrgeiz, ihn zu sprengen und wollte ihn so unbrauchbar machen. Anfangs, nachgewiesen bis in die 1950er Jahre, ragte der Unterstand mit seinem Dach noch geneigt aus dem Wasser, bevor er unter die Wassergleiche absackte und in den nachfolgenden Jahrzehnten sogar zu einem Drittel in den Grundschlick eindrang.

Taucher (auf der Suche nach Metallschrott?) müssen den Unterstand nach dem Krieg mit einem Greifer oder ähnlichem beschädigt haben, davon zeugen noch heute Jahrzehnte alte Furchen im Unterstand. Die Hälfte der Metallinnenhülle fehlt. Sie wurde vor Jahrzehnten ausgetrennt. Im Krieg? Sofort nach dem Krieg? Jahre später unter Wasser durch Schrottsucher? Darüber kann nur spekuliert werden. Klinkerfragmente finden sich an der Außenhaut des Unterstandes. War im Krieg ein Klinkergebäude direkt an ihn herangebaut worden?

Im Mai 2005 wurde der vergessene Unterstand durch Zufall in Folge von Bauarbeiten am ehemaligen Alaska-Kai durch die Firma Rova-Hafenumschlag aufgrund ihrer Bohr- und Baggerarbeiten für die neue Spundwand entdeckt und geborgen. Er wurde durch einen Schwimmkran an fast die gleiche Stelle an Land gehoben, wo er früher ursprünglich schon stand. Der gesamte Unterstand war mit Seepocken versehen. Innen waren vier Kubikmeter Jahrzehnte alter schwarzer Seeschlick und Sand vorhanden.

Zwecks Erhaltung in historischer Hinsicht wurde der Unterstand am 29.08.2005 zum Minsener Oog 1A umgebettet. Vorher mussten vier Kubikmeter Schlick hinausgeschaufelt werden, eine alte „Florida-Boy"-Flasche und „Becks Bier" aus den 1950ern gefunden werden (wahrscheinlich in Sommern dieses Jahrzehntes, bevor der Unterstand unter Wassergleiche sackte, von Badegästen am Ufer hinein geworfen).

Einige Hürden und bange Momente mussten genommen werden, doch letztendlich wurde das Ziel erreicht. Die Geschichte dieses Unterstandes ist eine wechselvolle. Er bewahrte Leben im Zweiten Weltkrieg. Das darf nicht vergessen werden. Deshalb ist es schön, dieses Bauwerk für kommende Generationen als Mahnung und Informationsquelle gerettet zu haben.

Einige Mutmaßungen sollten jedoch später korrigiert werden...

Neue Erkenntnisse über den Unterstand mit Stand 08/07:

- Es gab keine Miniheizung, das aufgefundene Rohr hat einen undefinierbaren Zweck, es wird vielleicht gar nicht zum Unterstand gehört haben.

- Es gab keine Telefonleitung in dem Sinne, dass sich der Anschluss an der Bodenplatte befand. Die aufgefundenen Kabel stehen in keinem Verbund zum Unterstand, gehören vielleicht nicht einmal dazu.

- Die Sichtscharten wurden nicht mit Stahlplatten von innen verschlossen. Die aufgefundene Platte „klebte" nur zufällig aufgrund der Lage des Unterstandes im Hafen mit Seeschlick an der Bunkerwand schräg vor der Sichtscharte. Die Platte ist ein Fragment des teilweise herausgetrennten Metallkäfigs.

- Der von uns im Unterstand aufgefundene schwere Stahlriegel gehört nicht zum Türbereich (Versiegelungsriegel), eventuell gehört er nicht einmal zum Unterstand.

- Die Tür war sehr wahrscheinlich bauartgleich mit denen der Bauwerft-Splitterschutzzellen, welche wohl aus einer Produktionsserie mit dem Unterstand stammen. Die Tür wird aus Stahl gewesen sein und ihre Scharniere im Stahlkäfigbereich, der im Türöffnungsbereich einige Zentimeter aus dem Bunker herausragte, gehabt haben. Diese Teile des Käfigs fehlen zusammen mit der Tür selbst.

- Alle vier Sichtscharten werden wohl über Stahleinfassungen verfügt haben, welche in Verbund mit dem Stahlkäfig lagen. Erst hierdurch wäre ein sinnvoller schmaler Sehschlitz möglich gewesen. Das Erscheinungsbild der heutigen inneren Sichtöffnungen ohne Stahleinfassungen der Scharten ist viel zu hoch und breit. Zusammen mit dem kompletten Stahlkäfig, der Tür und den Einfassungen wird der Unterstand circa 22 Tonnen gewogen haben.

- Die drei großen Schürfnarben an einer der Unterstandwände werden von der Ramme stammen, die am ehemaligen Alaska-Kai Pfähle für die neue Spundwand setzte. Durch diesen Kontakt mit dem Bunker wurde er über die Ramme sozusagen entdeckt. Die kleineren Narben an den Oberkanten von Scharte 1 und 3 (Längsseiten) werden durch Ketten stammen, welche durch die Scharten durch den Unterstand gelegt wurden und an denen er schließlich durch einen Schwimmkran aus dem Wasser gezogen worden sein wird.

- Es war kein Klinkergebäude im Krieg an den Unterstand angebaut worden. Der Unterstand war freistehend.

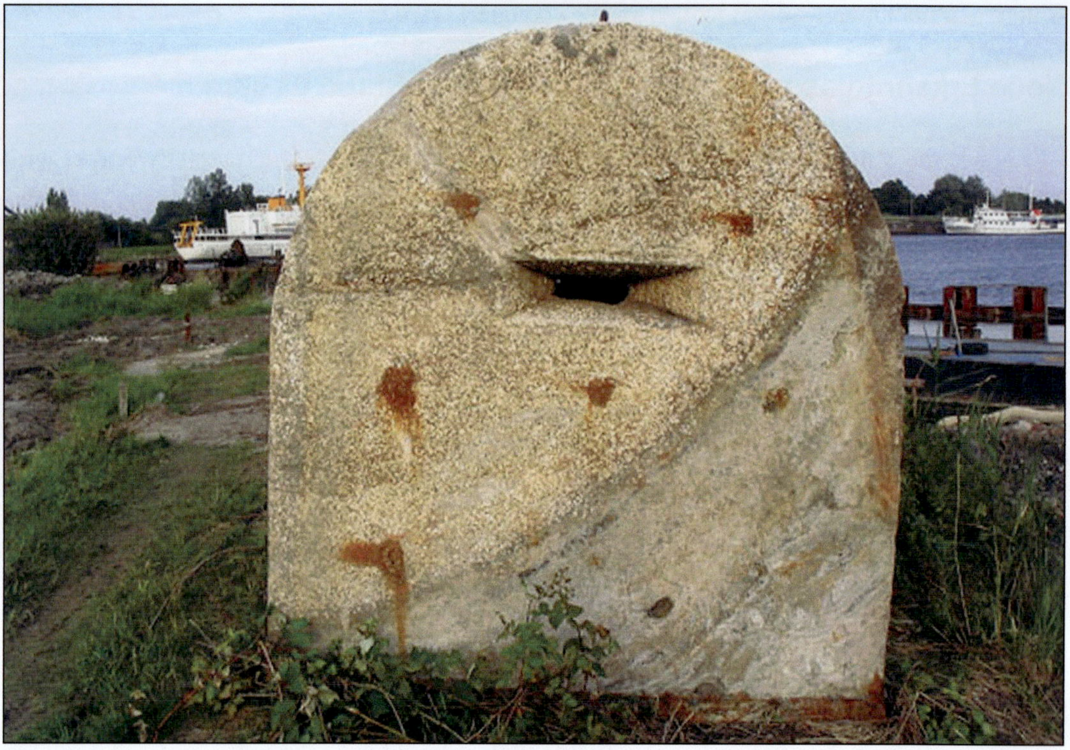

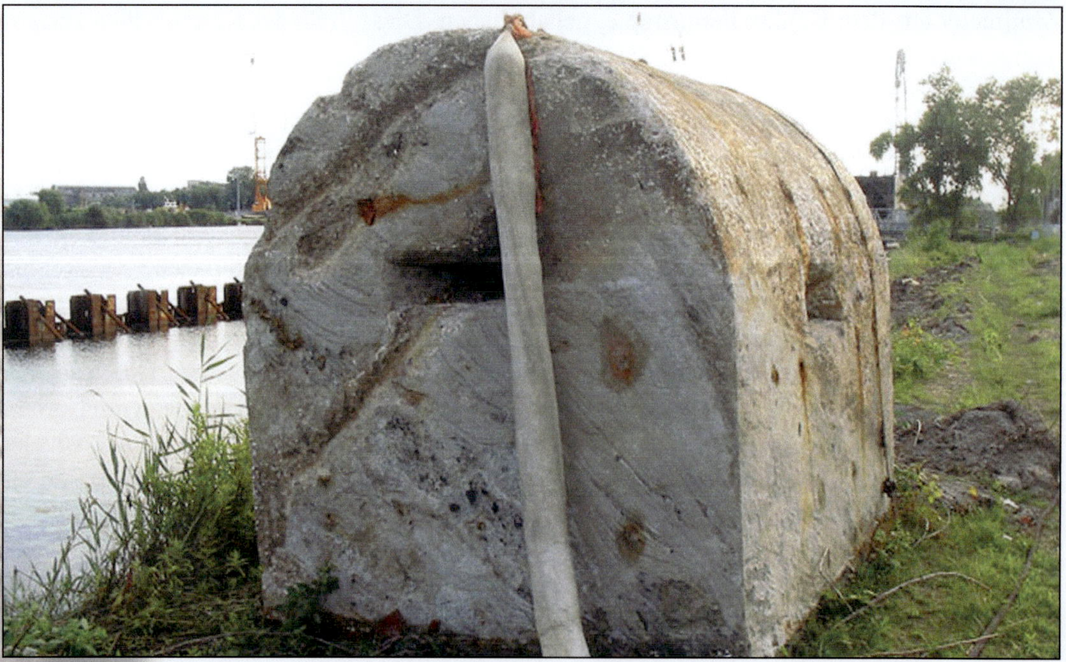

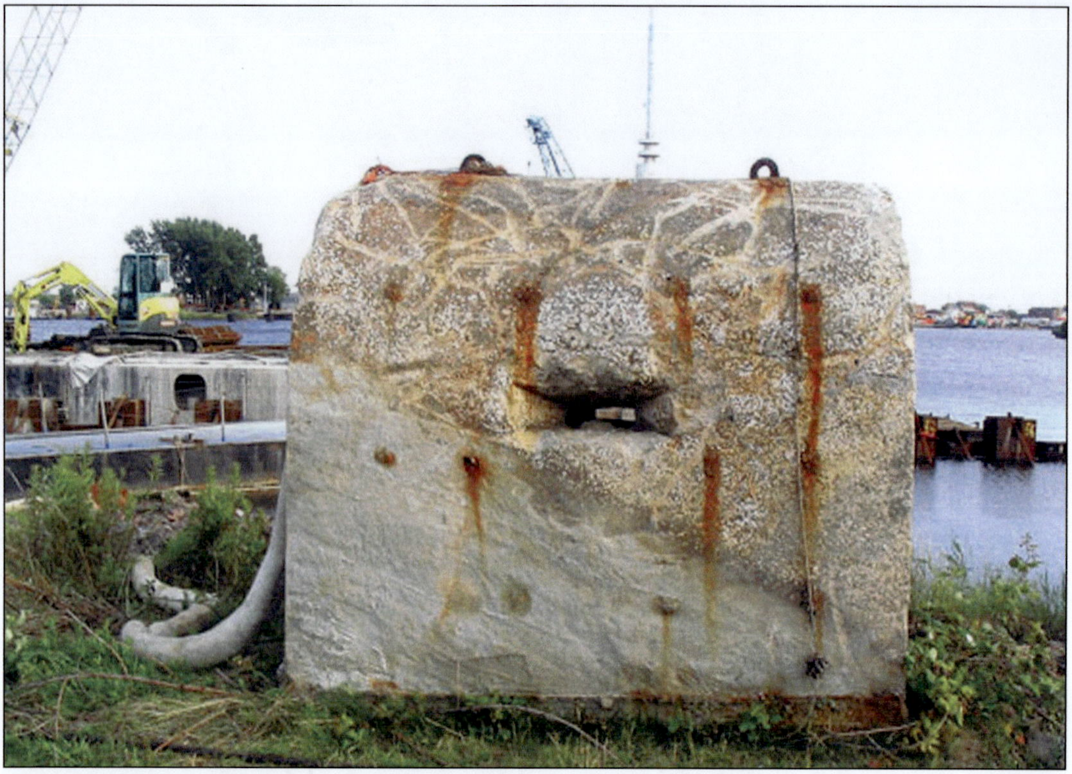

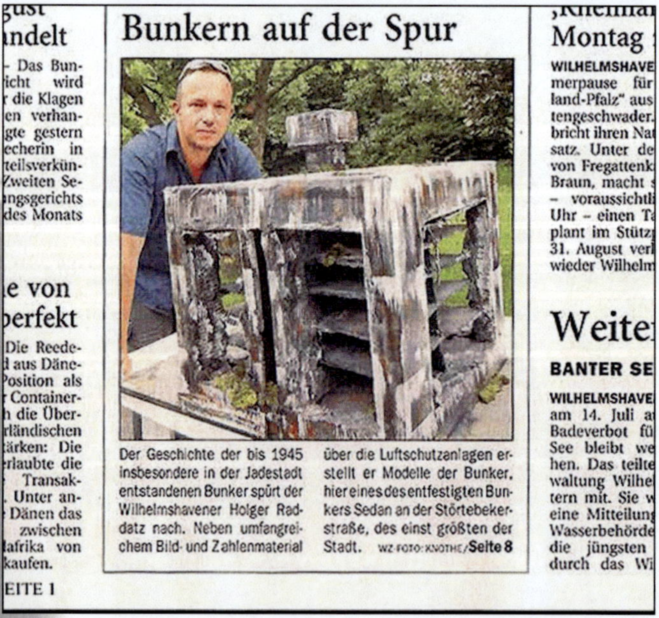

gust
ndelt

- Das Bunicht wird die Klagen en verhangte gestern echerin in teilsverkünZweiten Sengsgerichts des Monats

e von perfekt

Die Reeded aus DänePosition als Containerh die Überrländischen ärken: Die rlaubte die Transak. Unter anDänen das zwischen afrika von kaufen.

EITE 1

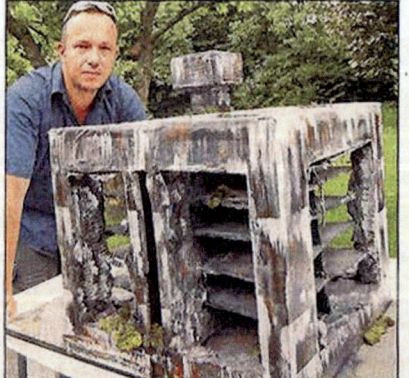

Bunkern auf der Spur

Der Geschichte der bis 1945 insbesondere in der Jadestadt entstandenen Bunker spürt der Wilhelmshavener Holger Raddatz nach. Neben umfangreichem Bild- und Zahlenmaterial über die Luftschutzanlagen erstellt er Modelle der Bunker, hier eines des entfestigten Bunkers Sedan an der Störtebekerstraße, des einst größten der Stadt. WZ-FOTO: KNOTHE/Seite 8

Montag

WILHELMSHAVE merpause für land-Pfalz" aus tengeschwader. bricht ihren Nat satz. Unter de von Fregattenk Braun, macht - voraussichtl Uhr - einen T plant im Stütz 31. August ver wieder Wilhelm

Weite

BANTER SE

WILHELMSHAVE am 14. Juli a Badeverbot fü See bleibt we hen. Das teilte waltung Wilhe tern mit. Sie w eine Mitteilung Wasserbehörde die jüngsten durch das Wi

Quelle: Wilhelmshavener Zeitung

Bereits Ende Juli 2005 wurde von Holger Raddatz in der Wilhelmshavener Zeitung der Wunsch nach einer Rettung des Unterstandes gestellt...

In Modellen hat Holger Raddatz eine Reihe von Wilhelmshavener und Emder Bunkern nachgebil- det, so wie sie heute sieht. Ganz links: Der Bunker Ebert- straße in der Nähe der Polizeiwa- che. Ein Unikat, das von der Ma- rine als Truppenmannschaftsbun- ker 1500 aus zwei Bunkern des Typs 750 gebaut wurde, der größte militärische Bunker Wil- helmshavens und der einzige mit einem Propaganda-Namen: „Trutz". Seine Deckenstärke be- trug 3,75 Meter – Mitte: Bunker Gerichtsstraße, ein Hochbunker. – Rechts: Bunker Hannoversche Straße. FOTOS: RADDATZ

VON ULRICH MÜLLER-HEINCK

Bunker: Graue Zeugen aus grauer Zeit

HOBBYFORSCHUNG Der Wilhelmshavener Holger Raddatz trug Unmenge an Fakten zusammen

WILHELMSHAVEN – Bunker sind so ziemlich das krasseste Ge- genteil von „schöner woh- nen". Der Wilhelmshavener Holger Raddatz misst den grauen Relikten aus Kriegszei- ten jedoch eine eigene Art von Ästhetik und Ausstel- lung zu, die sich nicht zuletzt aus ihrer geschichtlichen Be- deutung ableiten lasse. Er trug eine Unmenge an Daten und Fakten speziell über den Bunkerbau in Wilhelmshaven zusammen, baut detailge- treue Modelle.

Mit Verherrlichung von Bauten der nationalsozialisti- schen Zeit habe seine For- scherleidenschaft nichts zu tun. „Wenn ich vor solch ei- nem Bunker stehe, denke ich daran, wie viele Menschen wohl darin Schutz gesucht und gefunden haben, dass da- rin nicht nur Leben gerettet, sondern in manchen Fällen sogar Leben geboren wurde", sagt der 31-Jährige.

Er selbst erinnert sich noch gut an seinen Erstkon- takt mit den grauen Beton- klötzen: „Das war, als ich vier

Jahre alt war. Wir waren im Urlaub und ich war mit mei- ner Familie in einem Hotel, das ... sich ... Bunker nannte.

1978 im Alter von fünf Jahren im Winter mit meinem Groß- vater in eine Splitterschutz- zelle, bei der Orgelbau-Führer stand, reingekrabbelt bin."

Nach dem Tod der Großel- tern vor zehn Jahren fielen dem nun erwachsenen Enkel die alten Foto-Negative, die ihn mit dem Opa vor dem Bunker zeigten, in die Hände. „Von denen habe ich noch am selben Tag Bilder abzie- hen lassen. Dann gingen mir viele Fragen durch den Kopf: Weshalb gab es so viele Bunker in Wilhelmshaven, wer wurden sie gebaut, wieviele stehen noch, und so wei- ter."

Holger Raddatz recherchierte, fand viel im Stadt- archiv, befragte Zeitzeugen. Ein Durchbruch in

seiner Hobbyforschung („an- dere sammeln Briefmarken, ich Bunker") kam, als der ge- lernte Kraftfahrzeugmechani- ker nach seiner zweijährigen Umschulung zum Medienge- stalter für digitale und Print- medien verstärkt auf Compu- tereinsatz setzte.

2003 startete er mit eige- nen Websites zum Thema, tauschte sich mit anderen In- teressierten aus. In der An- fangszeit liefen unzählige Hin- weise bei Raddatz zusammen – „heute melden sich immer noch fünf bis sechs Leute pro Woche".

Der junge Mann lässt sich nicht lange bitten, wenn er zum

Beispiel hört „Kommen Sie mal vorbei, hier auf dem Hin- terhof ist so ein merkwürdi- ges rundes Muster!" Vor Ort, etwa an der Kleyhauer Straße, hat Holger Raddatz dann schon wiederholt die Schnelldiagnose stellen kön- nen: Ehemalige Splitterschutz- zelle, abgetragen bis auf die Zerschellplatte (die schütze vor schrägem Bombeneindrin- gen unter den Bunker), Ein- gangsbereich, kreisförmige Sitzanordnung.

Eine Art von Bunker-Ar- chäologie. Im Gegen- satz zu anderen Städ- ten ver- fügt Wil-

helmshaven nicht mehr über umfassende schriftliche Un- terlagen: Die Akten über den Bunkerbau wurden in den letzten Kriegstagen wegge- schafft und vernichtet.

Das Ergebnis von Holger Raddatz' Nachforschungen füllt -zig Seiten, tabellarische Übersichten, Fotodokumenta- tionen – das meiste bunkert er jedoch gleichzeitig im Kopf. Derzeit kommt er auf eine Summe von 454 bis Kriegsende angelegte Luft- schutzanlagen in Wilhelmsha- ven, einschließlich Middels- fähr, Roffhausen, Mariensiel. Dazu zählen neben den bom- bensicheren Großbunkern eine Unzahl von Kleinbun- kern, splittersicher betonier- ten Deckungsgräben (z.B. beim Botanischen Garten), Privatbunker, Ein-Mann-Bun- ker, Löschteiche.

„Die wahre Gesamtzahl wird man nie ganz genau er- mitteln können", weiß Rad- datz. Denn während der spe- zielle blaue Kriegsbeton – „der war erst nach 30 Jahren, also Mitte der 70-er, ausgehär- tet" – für die Ewigkeit zemen- tiert scheint, sterben die Zeit- zeugen, die noch über bis- lang unbekannte Standorte Auskunft geben könnten, aus.

Vor einigen Jahren hat Hol- ger Raddatz damit begonnen, Bunker auch als Modelle nachzubauen, mit jener mor- biden Patina aus oberfläch- lich bröckelndem Beton, be- moosten Decken, Graffiti und abweichenden Plakatfetzen an den Wänden, wie sie sich heute den Blicken darbieten.

Im Bunkermuseum Emden standen fünf Jahre lang seine Modelle, zwei waren auch im Küstenmuseum zu sehen. Und seine neueste Idee des Bunker-Modellbaus soll nicht mehr nur von Pappe sein – zur Zeit bas- telt er an ei- nem mehr- teiligen Objekt aus Beton.

Diesen Klotz würde sich Holger Raddatz gern ans Bein binden: Das 20-Tonnen-Teil (ca. drei mal drei Meter) diente als so genann- ter mobiler Splitterschutzunter- stand für maximal fünf Mann. Er wurde jetzt bei Bauarbeiten am Hannoverkai geborgen, lag über fünf Jahrzehnte im Wasser. Ein absolutes Unikat: Nur dreimal ge- baut, zwei wurden nach dem

Krieg zerstört. Die Mittel, diesen Zeitzeugen aus Beton (oben er- kennt man die eingelassenen stählernen Transportaugen) per Kran und Tieflader an einen nahe- gelegenen Standort zu verfrachten, fehlen dem derzeit arbeitslosen Mediengestalter. Nichts träfe ihn schlimmer, wenn deshalb das Ob- jekt für die Öffentlichkeit verlo- ren ginge. WZ-FOTO: GABRIEL-JÜRGENS

Bunker in Wilhelmshaven

Bis zum Kriegsende wurden in Wilhelmshaven über 100 bom- bensichere Bunker gebaut, Zivil-, Werkschutz- und Marine- bunker. Etwa 40 davon waren als runde Luftschutztürme errichtet. Von den – unter damaligen Voraussetzungen – bombensicheren Bunkern existieren noch ca. 40 im Stadt- gebiet.

Insgesamt hat Holger Raddatz bislang 454 bis 1945 entstan- dene Luftschutzanlagen in Wilhelmshaven aufgelistet. Der Bau wurde insbesondere vorangetrieben, nachdem be- reits einen Tag nach Kriegserklärung durch die Alliierten ein erster Luftangriff am 4. September 1939 auf Wilhelms- haven stattfand.

Größter Zivilschutzbunker war der Bunker Sedan an der Störtebekerstraße für mindestens 2200 Personen, größter militärischer Bunker (für 1500 Soldaten) war der so ge- nannte „Trutz", ein dreistöckiger Bunker an der Ebertstraße, zusammengesetzt aus zwei Trup- penmannschaftsbunkern vom Typ 750.

Wilhelmshaven zählte zu den Städten mit den an der Bevölkerungszahl gemessen meisten Bunkern. Nicht zuletzt deshalb war die Zahl der Bombenopfer mit 435 im Vergleich zu an- deren Hauptangriffszielen gering.

Diese Übersicht über erhaltene Luftschutzanlagen im Stadtgebiet und umzu hat Holger Raddatz neben vielen weiteren Informationen auf der Internet-Seite www.bunker-whv.de gestellt.

Quelle: Wilhelmshavener Zeitung

Noch steht die Umbettung in den Sternen. Klappt sie überhaupt? Sicher waren wir zu dem Zeitpunkt keinesfalls. Es hätte zu dieser Zeit auch anders - negativ - laufen können.

Doch dann am 20.08.2005 in der WZ:

Bohlen & Baum bringt Bunker

WILHELMSHAVEN/MÜ – Holger Raddatz, Mediengestalter mit einem Faible für alte Bunker und deren Geschichte, ist begeistert: Nachdem die WZ über sein Forscherhobby und den von ihm im übertragenen Sinne an Land gezogenen Splitterschutzunterstand berichtete, hat sich als Sponsor die Firma Bohlen & Baum aus der Bülowstraße gemeldet. Sie will den Transport des 20-Tonnen-Teils übernehmen. Damit wäre der Erhalt des Unikats aus dem 2. Weltkriegs gesichert.

Das Unternehmen kann den bei Arbeiten am Hannoverkai aus dem Schlick geborgenen Mini-Bunker zur Adresse Minsener Oog 1 in Heppens bringen: Auf dem Grundstück des dortigen 6-Eck-Bunkers soll er einen Dauerplatz finden.

Quelle: Wilhelmshavener Zeitung

Eine Umbettung steht in Reichweite!

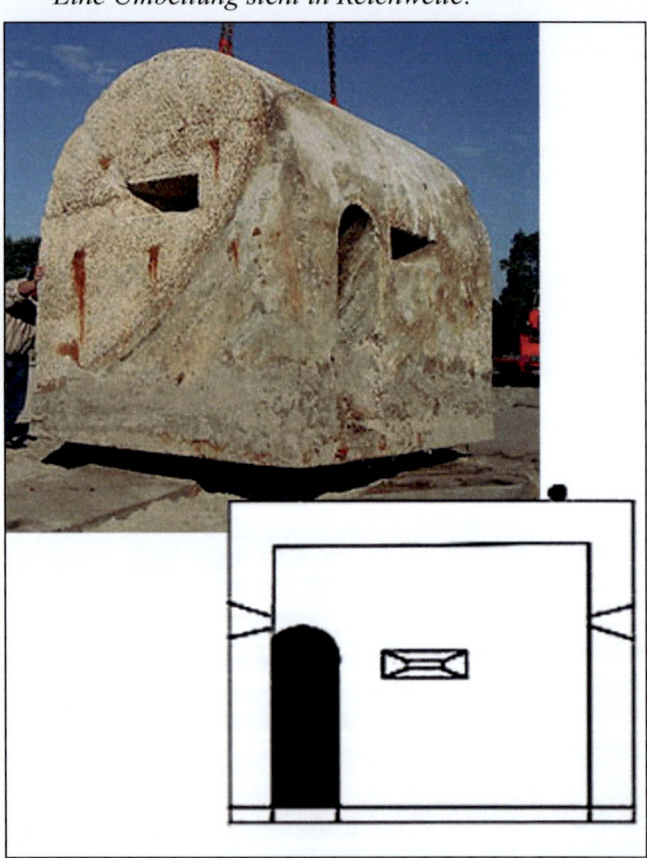

Die Umbettung

Von der Bergung nach Jahrzehnten...

...über die riskante Umbettung...

...bis hin zum neuen Standort...

...und dem ersten Winter wieder an Land...

...ging die Reise, bevor mit der Restaurierung eine wechselvolle Geschichte zur Ruhe gekommen ist.

Vor der Umbettung müssen circa vier Kubikmeter Sand und Jahrzehnte alter schwarzer See-schlick aus dem Unterstand herausgeschippt werden. Diese Maßnahme erleichtert den Ab-transport, da der Mini-Bunker nun nicht mehr 23 Tonnen wiegt, sondern „nur noch" knapp unter 20 Tonnen...

Selbst von der ehemali-gen 2. Einfahrt aus gese-hen ist der Unterstand als leuchtender Punkt in der Ferne zu erkennen.

Alles ist vorbereitet. Am 27., 28. und am Morgen des 29. August ist es regnerisch. Ein zu weicher Boden würde den schweren Kran und den Tieflader einsinken lassen. Dennoch sind wir optimistisch.

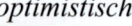

29. August 2005 / 8.30h - 11.00h: Umbettung!

Am Morgen ist es zunächst regnerisch, doch dann klart der Himmel auf und es herrscht schönstes Spätsommerwetter in Wilhelmshaven, das den aufgeweichten Boden rasch trocknen lässt. Das Wetter spielt seinen Wechsel für uns aus...

Der ursprüngliche Standort nach dem Anheben des Bunkers...

...leichtes Risiko...

*So, wie in der folgenden Montage dargestellt, wird das Bild für einen fiktiven Beobachter aus-
gesehen haben, als der Splitterschutzunterstand zwischen den beiden **Truppenmannschafts-
bunkern 750** an der **Hannoverschen Straße** hindurch gefahren wurde.*

KRUPP

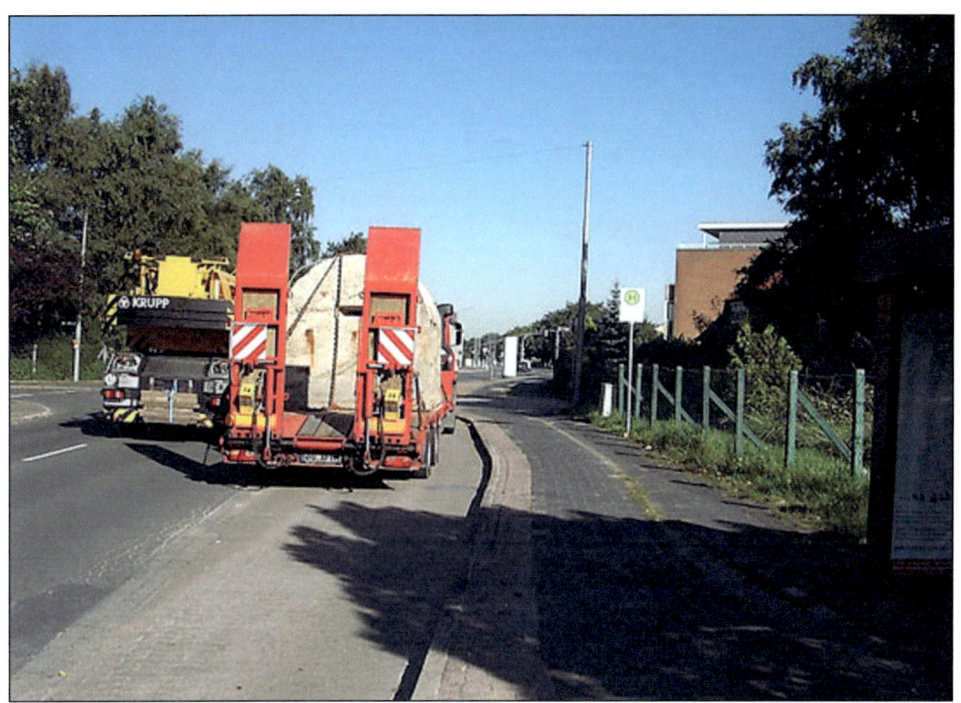

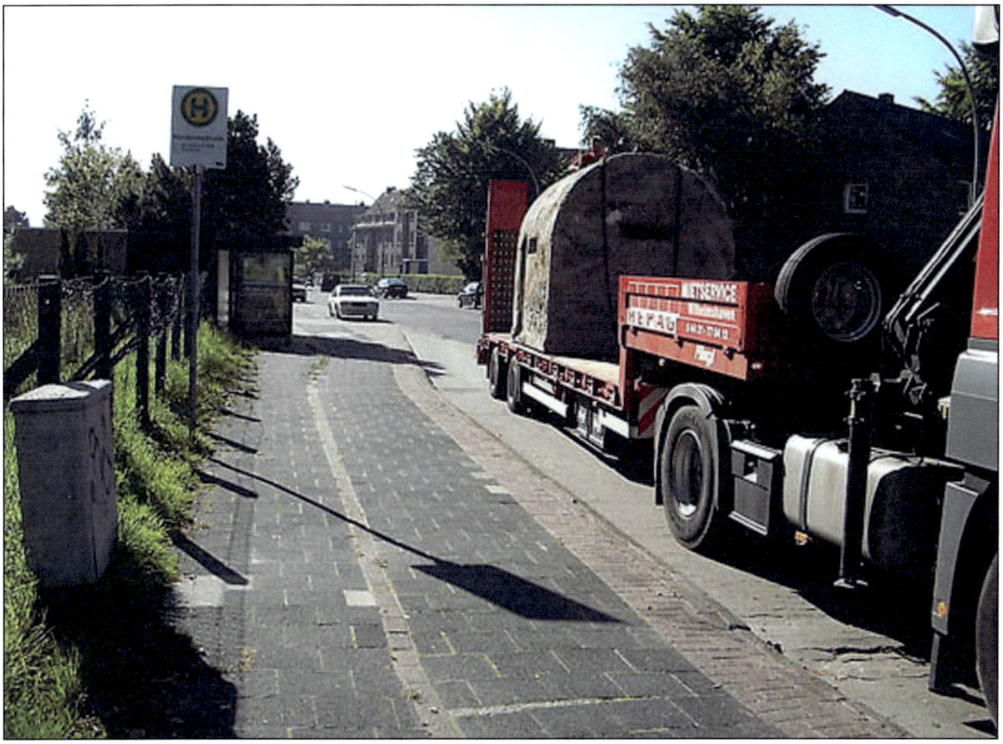
MIETSERVICE
HEPAG

...der Unterstand am neuen Stellplatz...

Das ursprüngliche Hinweisschild, welches am Unterstand von uns zur Information angebracht wurde.

Transportabler Splitterschutzunterstand der Kriegsmarinewerft Wilhelmshaven

Gefertigt 1941 auf der Kriegsmarinewerft Wilhelmshaven.

Bislang nur drei Bauwerke dieser Art bekannt, alle drei in Wilhelmshaven gefertigt und aufgebaut.

Letztes erhaltenes Bauwerk dieser Art.

Lediglich Splitterschutz bei Luftangriffen für maximal fünf Arbeiter oder Soldaten der Kriegsmarinewerft.

Gewicht: 20 Tonnen

1948 bei Demilitarisierung am Alaska-Kai Ost in Wilhelmshaven neben Originalstandort am Ufer fast gänzlich versenkt. 2005 durch Bauarbeiten wieder geborgen. Hierhin umgebettet um der Nachwelt als geschichtshistorisches Relikt erhalten zu bleiben.

Dieses Bauwerk hat Seele. Es schützte im Zweiten Weltkrieg Werftarbeiter und einfache Soldaten im Bombenkrieg.

Über die erfolgreiche Umbettung wurde einen Tag später in der WZ berichtet:

Wilhelmshaven

DIENSTAG, DEN 30. AUGUST 2005

WILHELMSHAVENER ZEITUNG

Das Bunker-Unikat aus dem Zweiten Weltkrieg ist an seinem neuen Stellplatz in Heppens angekommen. Er steht zukünftig in der Straße Minsener Oog 1a neben einem großen Sechseck-Spitzbunker. Holger Hibner (links), Miteigentümer des großen Bunkers, und Holger Raddatz, Hobby-Bunkerexperte aus Wilhelmshaven, zeigen auf unserem Foto eine Infotafel. Sie möchten den Kleinbunker bald der Öffentlichkeit zugänglich machen. Die Firma Bohlen und Baum hat den Transport gemeinsam mit Gerold Theilen möglich gemacht. Der 20 Tonnen schwere „Splitterschutzunterstand" war vor dem Hannoverkai aus dem Schlick geborgen worden. Darüber hatte die „Wilhelmshavener Zeitung" kürzlich ausführlich berichtet. WZ-FOTO: KNOTHE

Quelle: Wilhelmshavener Zeitung

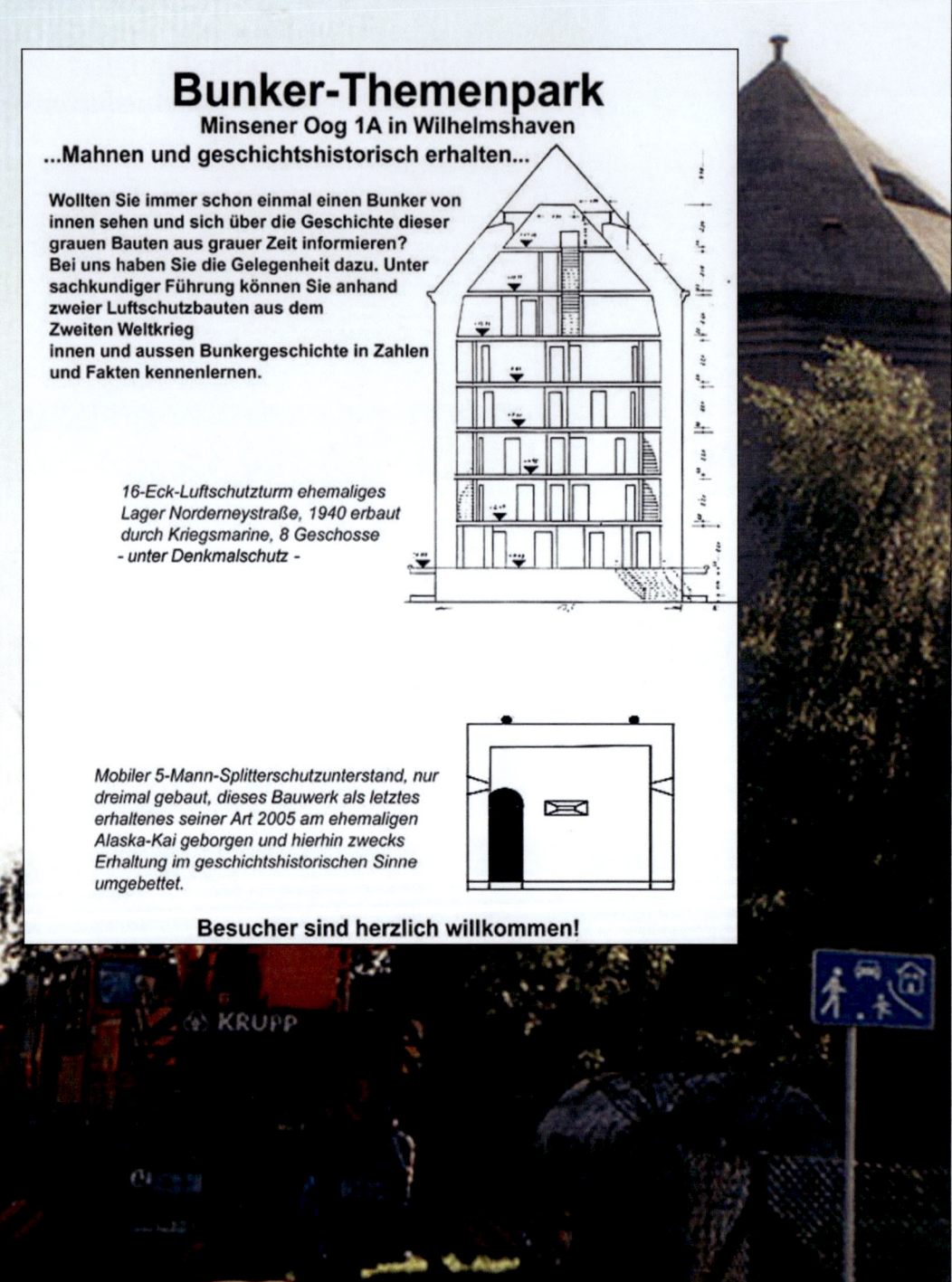

Bunker-Themenpark

Minsener Oog 1A in Wilhelmshaven

...Mahnen und geschichtshistorisch erhalten...

Wollten Sie immer schon einmal einen Bunker von innen sehen und sich über die Geschichte dieser grauen Bauten aus grauer Zeit informieren? Bei uns haben Sie die Gelegenheit dazu. Unter sachkundiger Führung können Sie anhand zweier Luftschutzbauten aus dem Zweiten Weltkrieg innen und aussen Bunkergeschichte in Zahlen und Fakten kennenlernen.

16-Eck-Luftschutzturm ehemaliges Lager Norderneystraße, 1940 erbaut durch Kriegsmarine, 8 Geschosse - unter Denkmalschutz -

Mobiler 5-Mann-Splitterschutzunterstand, nur dreimal gebaut, dieses Bauwerk als letztes erhaltenes seiner Art 2005 am ehemaligen Alaska-Kai geborgen und hierhin zwecks Erhaltung im geschichtshistorischen Sinne umgebettet.

Besucher sind herzlich willkommen!

Die Restaurierung

Es wurden hunderte Fotos vom vorherigen Zustand gemacht und archiviert. Nun war es ab Mitte 2006 an der Zeit, den Minibunker zumindest in kleinem Rahmen zu restaurieren. Es wurde darauf geachtet, nicht zu viel zu verändern oder zu verfremden. Öfter wurde die Restaurierung für abgeschlossen erklärt, doch einige Male wurde wieder nachgebessert und erweitert...

Alle Abplatzungen und Schürfschäden des Unterstandes wurden mit Estrichbeton aus-gebessert. Die Informationstafel wurde aktualisiert und erneuert.

Transportabler Splitterschutzunterstand (Brandwache) der Kriegsmarinewerft Wilhelmshaven

Dieses Bauwerk diente bis zu fünf Soldaten und Werftarbeitern im Zweiten Weltkrieg als Schutz. Es wurde nach momentanen Erkenntnissen mindestens dreimal gebaut. Es ist das heute wohl letzte erhaltene Bauwerk seiner Art. Der Unterstand wird direkt auf der Bauwerft, dem heutigen Marinearsenal, geplant und gegossen worden sein. Als Baujahr wird 1941 geschätzt. Der Minibunker bot lediglich Splitterschutz. Sein Ursprungsstandort war am Alaska-Kai Ost. Durch die Sichtscharten konnte das umliegende Gebiet beobachtet werden und Brände wurden noch während der Angriffe dem Befehlsbunker gemeldet. Nach dem Krieg wurde der Unterstand während der Demilitarisierungsmaßnahmen im Hafen versenkt. Aufgrund von Bauarbeiten wurde er im Mai 2005 unter Wasser wieder entdeckt und zur Erhaltung im geschichtshistorischen Sinne hierhin umgebettet. Die Originaltür, sowie Teile des inneren Metallkäfigs sind nicht mehr erhalten.

Dieses Bauwerk besitzt Seele. Es schützte im Zweiten Weltkrieg Menschenleben im Bombenkrieg.

Da keine Informationen über den Aufbau der Originaltür vorhanden sind, wurde mit der Option auf spätere Veränderung ein Holzverschlag vor der Türöffnung installiert.

Die Sichtscharten wurden schwarz gestrichen. Wie beschrieben, wird davon ausgegangen, dass die Scharten über Stahleinfassungen verfügten. Diese werden sehr wahrscheinlich ursprünglich grundiert und später dann ebenfalls schwarz angestrichen worden sein.

Im Innenraum wurde der restliche Schlick - inzwischen vollkommen getrocknet - beseitigt. Teile des Raumes wurden gekalkt. Bewusst wurden nur einzelne Bereiche behandelt, um auch einen Eindruck des Zustandes vor der Restaurierung beizubehalten. Ein roter Markierungspfeil in Richtung Tür wurde angebracht. Das Wort „**RUHE!**" wurde aufgemalt. Mit der Zeit soll alles wieder etwas verblassen und so einen authentischen Eindruck erwecken. An einer Wand sind einige der im Innenraum aufgefundenen Gegenstände abgelegt. Das im Unterstand entdeckte Stahlrohr und die Stahlplatte befinden sich weiterhin im Innenraum.

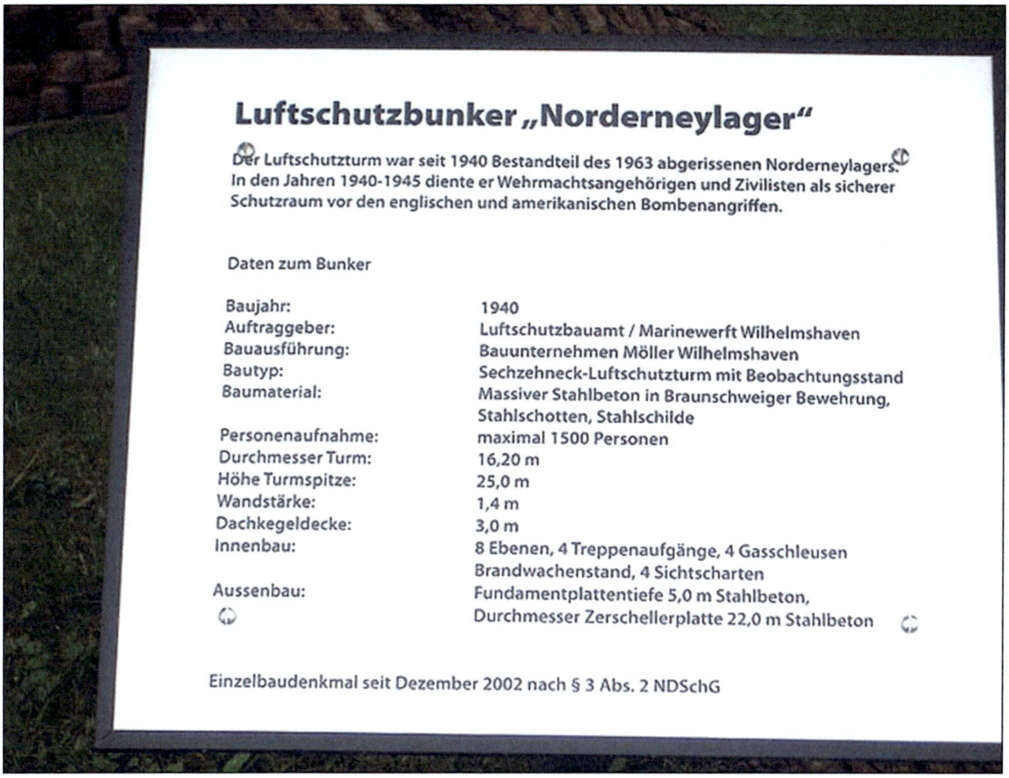

Luftschutzbunker „Norderneylager"

Der Luftschutzturm war seit 1940 Bestandteil des 1963 abgerissenen Norderneylagers. In den Jahren 1940-1945 diente er Wehrmachtsangehörigen und Zivilisten als sicherer Schutzraum vor den englischen und amerikanischen Bombenangriffen.

Daten zum Bunker

Baujahr:	1940
Auftraggeber:	Luftschutzbauamt / Marinewerft Wilhelmshaven
Bauausführung:	Bauunternehmen Möller Wilhelmshaven
Bautyp:	Sechzehneck-Luftschutzturm mit Beobachtungsstand
Baumaterial:	Massiver Stahlbeton in Braunschweiger Bewehrung, Stahlschotten, Stahlschilde
Personenaufnahme:	maximal 1500 Personen
Durchmesser Turm:	16,20 m
Höhe Turmspitze:	25,0 m
Wandstärke:	1,4 m
Dachkegeldecke:	3,0 m
Innenbau:	8 Ebenen, 4 Treppenaufgänge, 4 Gasschleusen Brandwachenstand, 4 Sichtscharten
Aussenbau:	Fundamentplattentiefe 5,0 m Stahlbeton, Durchmesser Zerschellerplatte 22,0 m Stahlbeton

Einzelbaudenkmal seit Dezember 2002 nach § 3 Abs. 2 NDSchG

Ein Hinweisschild zum LS-Turm wurde aufgestellt.

Der Sockelbereich wurde schwarz gestrichen, die Transportösen wurden mit Rostumwandler bearbeitet und ebenfalls geschwärzt. Die Kanten der Sichtscharten, des Sockels und der Ösen wurden angeglichen.

Der Unterstand wurde grau lasiert, nicht mit Farbe, sondern mit Betonlasur. So ergibt sich eine einheitliche, dem Original entsprechende seidenmatte Betonfärbung, welche trotzdem die markanten Oberflächenmerkmale leicht durchscheinen lässt. Die Transportösen wurden schließlich eingefettet.

Der Schriftzug „ALASKA" wurde angebracht. Er soll erscheinen, als ob er im nun halb verwaschenen Zustand auch original vorhanden gewesen wäre, was sicherlich auch im Bereich des Denkbaren liegt. Vom 26. bis 29.10.2006 berichtete der **Friesische Rundfunk** FRF 1 über die Restaurierung des Unterstandes. Zwischen dem 23.06.2007 und dem 09.07.2007 wurde die Tür schließlich verändert. Durch ihre Verblendung und durch die Anbringung zweier Türriegel soll diese nun dem vermuteten Originalzustand näher kommen.

Weitere Splitterschutzunterstände

In Wilhelmshaven sind zwei weitere Standorte von transportablen Splitterschutzunterständen bekannt:

Banter Ruine, am ehemaligen Eingang der Marineanlage / Kasernenanlage Bant, unmittelbar südlich des **Truppenmannschaftsbunkers 750 Banter Ruine**. ENTFERNT

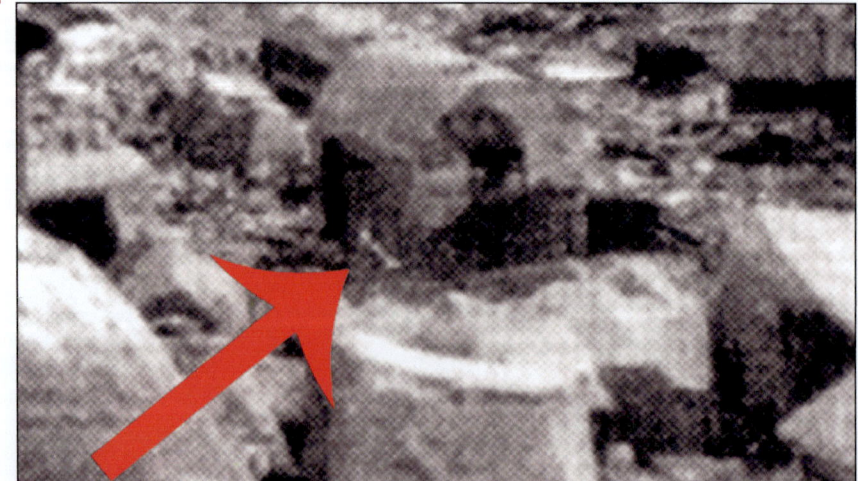

Kriegsmarinewerft, Bauwerft Süd-Mitte, unmittelbar südlich des ehemaligen Luftschutztur-mes. **ENTFERNT**

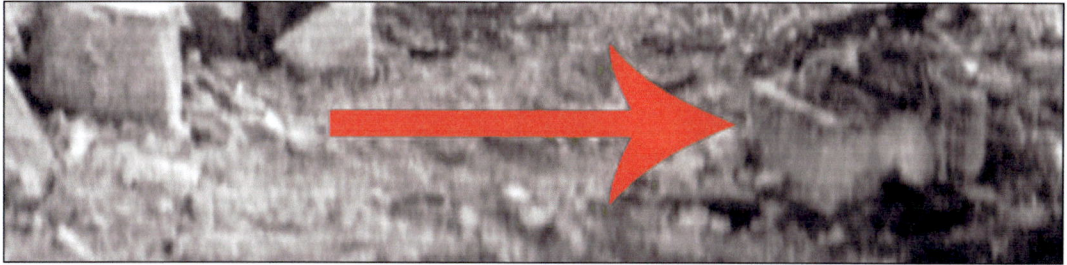

Unmittelbar westlich des Splitterschutzunterstandes befand sich dieses Objekt. War dies eventuell der untere Bereich eines bereits halb zerstörten (Sprengung) damit dann vierten Splitterschutzunterstandes? Oder wurde der mutmaßliche Unterstand vielleicht nicht fertig gegossen, da die oberen Kanten aufgrund des Bildes der Erscheinung nach extrem glatt gewesen sind? Nachgewiesenermaßen verläuft am letzten erhaltenen Unterstand seiner Art exakt in der Höhe eine Gusskante - genau dort beginnt die Dachwölbung.

Die drei bekannten Splitterschutzunterstände wurden um 1941 von der Kriegsmarinewerft auf dem Werftgelände gegossen und an Standorten in Wilhelmshaven aufgestellt, die unter Befehl der Marine standen. Bis auf den Unterstand, welcher am ehemaligen Alaska-Kai Ost geborgen wurde, sind die Bauwerke nach dem Krieg zerstört worden. **Deshalb stellt der Alaska-Unterstand ein erhaltenswertes historisches Unikat - ein Denkmal - dar.**